La ciencia de la CATÁSTROFE

Desastres naturales

Clima violento

Steve Parker y David West

Lectorum

México ◆ Miami ◆ Buenos Aires

Título de la edición en inglés: *Natural Disasters: Violent Weather*
© David West Children's Books 2012

Designed and directed by David West Children's Books
7 Princeton Court
55 Felsham Road
London SW 15 1AZ

Clima violento
© Steve Parker y David West, 2013

D. R. © Editorial Lectorum, S. A. de C. V., 2013
Batalla de Casa Blanca Manzana 147 Lote 1621
Col. Leyes de Reforma, 3a. Sección
C. P. 09310, México, D. F.
Tel. 5581 3202
www.lectorum.com.mx
ventas@lectorum.com.mx

L. D. Books, Inc.
Miami, Florida
ldbooks@ldbooks.com

Primera edición: abril de 2013
ISBN: 978-1500-924522

D. R. © Diseño, portada e ilustraciones: David West
D. R. © Traducción: Silvia Espinoza de los Monteros González

Contenido

Nubes gigantescas, con relámpagos parpadeando desde la oscura base, advierten una inminente tormenta. (Representación del artista)

Tormenta

Cuando el aire caliente y húmedo se eleva rápidamente hacia un aire más fresco, su humedad en forma de vapor se transforma en gotas de lluvia y cristales de hielo. Si las condiciones lo permiten, pronto se presenta una copiosa tormenta repleta de relámpagos, truenos, granizo y lluvia torrencial.

La ciencia de las tormentas

Las tormentas son más comunes ahí donde el aire caliente y húmedo choca con el aire fresco proveniente de una región más fría. Mientras el aire caliente más ligero se eleva y se enfría, su invisible vapor de agua se **condensa** hasta formar gotas de agua. Este proceso produce calor, calentando así el aire todavía más. Finalmente, al llegar a una gran altura, las gotas se congelan hasta convertirse en hielo y caen en forma de corrientes descendentes. Estas corrientes se extienden al nivel del suelo como feroces vientos, con una velocidad de hasta 130 kilómetros por hora (80 millas por hora). Un cumulonimbo, o nube de tormenta puede tener una altura y amplitud de 24 kilómetros (15 millas), conteniendo medio millón de toneladas de agua.

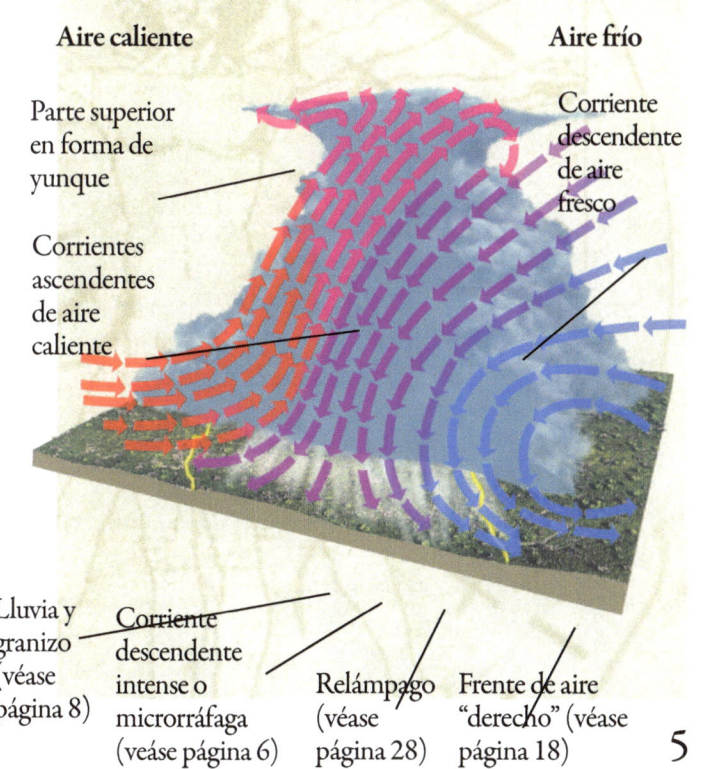

Aire caliente

Aire frío

Parte superior en forma de yunque

Corriente descendente de aire fresco

Corrientes ascendentes de aire caliente

Lluvia y granizo (véase página 8)

Corriente descendente intensa o microrráfaga (véase página 6)

Relámpago (véase página 28)

Frente de aire "derecho" (véase página 18)

Es el final de una temporada caliente y seca. Una masa de aire más fresco se aproxima y comienza a luchar contra la masa de aire caliente. A la distancia, el retumbar de truenos es el indicio de que una tormenta se aproxima. Entonces, se elevan en el horizonte oscuras nubes llamadas *cumulonimbus*, chubascos que se conocen como *derechos*, quizás algunas repentinas e intensas microrráfagas de viento, vertiginosos tornados o "torbellinos", posiblemente una intensa granizada y otros fenómenos violentos e incluso fatales. (Todos se ilustran en páginas posteriores). La lluvia chispea ligeramente y después se precipita. Surge un repentino relámpago, un tronido, y la principal tormenta ha llegado.

El trueno es producido por el relámpago, el cual es un centello gigante o un arco de electricidad, tal y como se describe en la página 28. El relámpago es tan caliente, decenas de miles de grados, que calienta el aire de alrededor casi de inmediato. Esto produce una onda expansiva que se esparce más rápido que el sonido, igual que el rugir de un avión supersónico: el trueno. La luz viaja un millón de veces más rápido que el sonido, de modo que el tiempo que transcurre desde que ves destellar el relámpago y escuchas el trueno, es de 3 segundos por kilómetro (4.5 segundos por milla). Si nos encontramos cerca del relámpago, el trueno emite un sonido corto y agudo, como un chasquido. Al estar más lejos, su sonido se dispersa con el viento, emitiendo estruendos profundos y sucesivos.

Microrráfaga

Las microrráfagas son como minitornados invertidos de muy corta duración. Son difíciles de predecir y algunas veces son fatales. Se sospecha que son las causantes de diversos desastres aéreos, así como de cincuenta y seis decesos en Faro, Portugal, en 1992.

Las microrráfagas generalmente provienen de elevadas y oscuras nubes, en especial de nubes de tormenta llamadas cumulonimbus, tal y como se ilustra en la página anterior. Debido a que duran sólo unos cuantos minutos y son tan pequeñas, pues abarcan menos de cuatro kilómetros (tres millas), son difíciles de predecir y analizar. Sin embargo, sus feroces vientos, tan fuertes como los de un tornado o torbellino, producen serios efectos. Éstos derriban árboles y edificios, levantan automóviles y personas, y provocan accidentes aéreos.

El 21 de diciembre de 1992, el vuelo 495, un avión DC-10 de Martinair, se preparaba para aterrizar en el Aeropuerto de Faro, al sur de Portugal. Los trescientos veintisiete pasajeros eran en su mayoría turistas holandeses en busca de unas soleadas vacaciones. Los trece tripulantes habían sido advertidos sobre la aparición de tormentas, por lo que los pilotos abandonaron el primer intento de aterrizaje. En la segunda oportunidad de aterrizaje, quizás una o dos microrráfagas provocaron que el avión descendiera demasiado rápido. Éste alcanzó la pista, pero la golpeó con tanta fuerza, que un juego de llantas y el tren de aterrizaje se rompieron provocando, a su vez, que se abriera un boquete en el tanque de combustible localizado en una de las alas. Al incendiarse el combustible derramado, el fuselaje (la estructura principal) del avión se abrió, exponiendo a los pasajeros al infierno. Además de cincuenta y seis personas fallecidas, otras más de cien sufrieron graves quemaduras y heridas en la tragedia provocada por la microrráfaga.

La ciencia de las microrráfagas

Si la lluvia o granizada desciende de una enorme nube hasta alcanzar una corriente de aire muy seco, ésta se **evapora** o se transforma en vapor de agua. Este proceso, además de la caída de las gotas o rocas, se intensifica rápidamente hasta formar una poderosa corriente de aire en descenso. Al llegar a la superficie, ésta se proyecta hacia afuera formando un patrón circular. Los vientos en línea recta pueden alcanzar una velocidad de hasta 240 kilómetros por hora (150 millas por hora).

1. La lluvia o granizada descienden hasta encontrarse con aire seco

2. Poderosas corrientes descendentes

3. Los vientos golpean la superficie y se proyectan hacia afuera

4. Los vientos se arremolinan en forma ascendente y circular a manera de torbellinos

5. Área de mayor daño

6

El avión McDonnell Douglas DC-10 de Martinair lucha contra las peligrosas corrientes descendentes de una microrráfaga, mientras se aproxima al aeropuerto de Faro. (Representación del artista)

Granizada

Es muy interesante observar una ligera lluvia de granizos; excepto porque una intensa granizada puede quebrar ventanas, desplomar edificios y toldos vehiculares, derribar cables de alta tensión y provocar serios daños; incluso, la muerte.

Al igual que las microrráfagas, las granizadas son por lo general el resultado de una gigantesca nube de tormenta (véanse las páginas anteriores). Al interior de éstas surgen corrientes ascendentes que se alimentan de aire caliente, además de vapor de agua que se condensa para dar lugar a la formación de agua líquida, que produce más calor. Asimismo, surgen corrientes descendentes de aire proveniente de grandes alturas, además de hielo o agua que se evapora y absorbe el calor. Las gotas entran entonces en un ciclo en el cual ascienden, se congelan hasta formar hielo, después caen y acumulan agua en su exterior, se elevan y se congelan nuevamente, y así sucesivamente. Esto produce copos de hielo formados por varias capas: los granizos. Al final, éstos son demasiado pesados para poder ser elevados por una corriente ascendente y entonces se precipitan en forma de granizada.

Los granizos más pequeños tienen un diámetro de 0.5 centímetros (0.2 pulgadas). Las tormentas severas producen granizos gigantescos con más de 20 centímetros (ocho pulgadas) de diámetro y con un peso de aproximadamente casi un kilogramo (dos libras). En el año 2001, la provincia meridional de China, Guizhou, sufrió una serie de severas granizadas. Más de trescientas rocas, algunas de ellas de casi cinco centímetros (dos pulgadas) de diámetro, cayeron sobre cada metro cuadrado (yarda cuadrada) de terreno. Veinte personas murieron, además de cincuenta animales de granja. Las tormentas destruyeron cinco mil viviendas, estrellaron parabrisas, abollaron los toldos de los autos y aplastaron 800 kilómetros cuadrados (300 millas cuadradas) de cosechas.

La ciencia de las granizadas

La formación de una tormenta se ilustra en la página 5. Los granizos se forman en enormes nubes de tormenta, las cuales contienen aire por debajo del punto de congelación, 0 grados Celsius (32 grados Fahrenheit) en su porción superior. Cuando las partículas de hielo se precipitan, éstas acumulan agua; posteriormente explotan y el agua en su interior se congela formando una capa de hielo. El ciclo se repite varias veces hasta formar grandes rocas tan pesadas que se precipitan a la tierra.

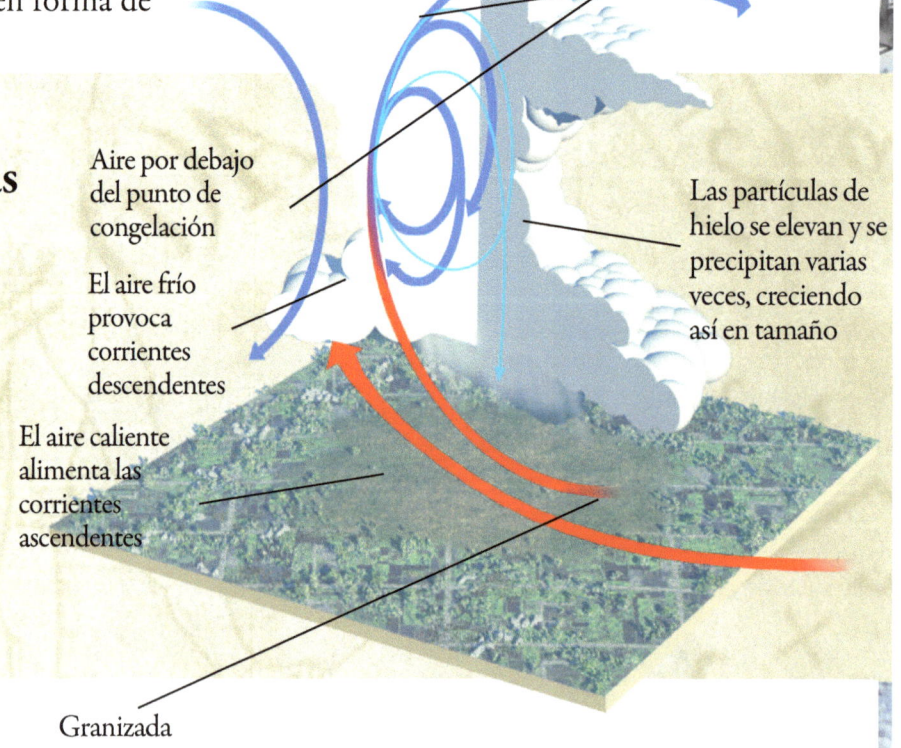

Nube de tormenta

Aire por debajo del punto de congelación

Las partículas de hielo se elevan y se precipitan varias veces, creciendo así en tamaño

El aire frío provoca corrientes descendentes

El aire caliente alimenta las corrientes ascendentes

Granizada

Enormes granizos golpean a Guiyang, la capital de Guizhou. (Representación del artista)

La ciencia del granizo

Los granizos crecen a partir de una capa de aproximadamente una vigésima quinta parte de un milímetro (una pulgada) de espesor con cada trayecto de ascenso y descenso al interior de la nube de tormenta.

Muchas capas de hielo cristalino o escarchado al interior de la roca

Núcleo formado por partículas de polvo

Huracán

Cada año, los huracanes provocan estragos en el Atlántico Oeste, el Mar Caribe y el Golfo de México. Katrina fue clasificado en el lugar número seis por su fuerza, en el lugar número tres por la muerte de estadounidenses y en el lugar número uno por los costos.

Los huracanes en el Atlántico, los tifones en el Pacífico y los ciclones en el sur son algunos de los fenómenos climatológicos más impresionantes y violentos de nuestro planeta. Todos son formas de **ciclones tropicales**, con fuertes vientos remolinantes y lluvias torrenciales (véase la siguiente página).

El Atlántico produce cada año un promedio de cinco a diez huracanes a gran escala, alcanzando el máximo hacia finales del verano y el comienzo del otoño. La de 2005 fue la peor temporada que se haya registrado, con quince huracanes designados. Katrina golpeó en la última semana de agosto, tocó tierra sobre Florida y se dirigió al oeste ya como el huracán más débil de su clase, con Categoría 1.

Katrina azota la costa del Golfo en los Estados Unidos, dando inicio a su vasta estela de destrucción. (Representación del artista)

Se movió hacia el suroeste, creando la esperanza de que se extinguiría en el Golfo de México. Sin embargo, cambió su rumbo hacia el norte y recuperó fuerza hasta la Categoría 5, con vientos de 280 kilómetros por hora (170 millas por hora). Al reducirse a Categoría 3, Katrina llegó al delta del río Mississippi el 29 de agosto y siguió hacia adelante, al norte, sobre el Estrecho de Breton para tocar tierra por tercera vez cerca de la línea fronteriza de Luisiana y Mississippi. En una extensión de 400 kilómetros (250 millas), su paso dejó grandes áreas casi arrasadas. A lo largo de la Costa del Golfo, la oleada de tormenta reventó los diques y malecones, inundando poblaciones, caminos, rieles y granjas tierra adentro. Nueva Orleans fue devastada, con el agua cubriendo cuatro quintas partes de la ciudad. Más de mil ochocientas personas murieron durante el huracán mismo y las siguientes inundaciones. Katrina continuó su paso hacia el norte, disipándose gradualmente hasta convertirse en pequeños chubascos que llegaron hasta los Grandes Lagos el 31 de agosto.

La ciencia de los huracanes

Un huracán está formado por intensos aguaceros en forma de anillos o espirales con un centro sin movimiento, plácido: el ojo. Se origina de forma similar a la de una tormenta, pero sobre agua oceánica cálida (véanse páginas 5 y 12). El agua debe tener una temperatura de por lo menos 27 grados Celsius (80 grados Fahrenheit) y una profundidad de 50 metros (160 pies) para que exista la cantidad de energía y vapor de agua necesarios para su formación. La velocidad del viento en un huracán Categoría 1 es mayor a 119 kilómetros por hora (74 millas por hora). Un huracán tamaño promedio tiene un diámetro de aproximadamente 480 kilóme-tros (300 millas).

1. Vapor de agua y calor proveniente del mar cálido alimentan los grupos de nubes en cúmulos

2. El aire cálido y húmedo asciende y desciende en forma de aire frío y seco

3. Ráfagas de vientos giratorios y lluvia se desarrollan por debajo de las paredes de las nubes

4. El ojo se encuentra en calma y con una presión del aire muy baja

Surge la tormenta

5. La pared más interna o del ojo está formada principalmente por lluvia y granizo

6. Los vientos más veloces se encuentran a 16 o 20 kilómetros (10 o 13 millas) de la pared del ojo

7. Los vientos que se encuetran en el nivel más alto, giran hacia afuera, se enfrían y regresan al interior de la tormenta

11

La ciencia en la fomación de un ciclón

Tal y como se ilustra en la página anterior, el calor del sol calienta la superficie del océano a tal temperatura, que el aire húmedo se eleva; después se enfría durante su ascenso y se condensa para transformarse en lluvia. El aire ascendente atrae el aire más frío que está alrededor, el cual también se caliente y se eleva, y así sucesivamente. De manera gradual, varias tormentas independientes se combinan hasta formar una masa giratoria que puede convertirse en un huracán, un tifón o simplemente en un ciclón.

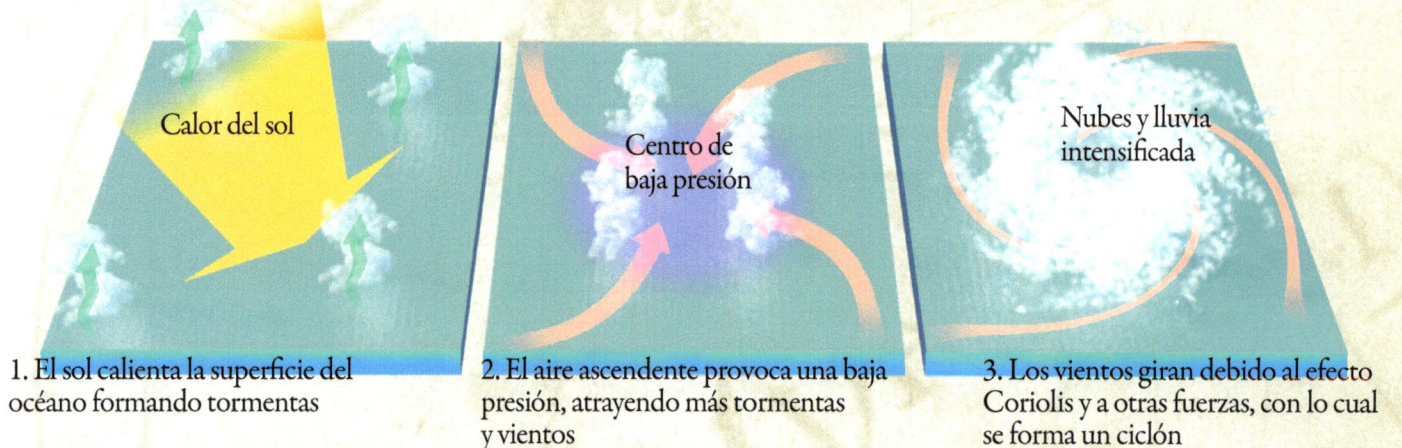

1. El sol calienta la superficie del océano formando tormentas

2. El aire ascendente provoca una baja presión, atrayendo más tormentas y vientos

3. Los vientos giran debido al efecto Coriolis y a otras fuerzas, con lo cual se forma un ciclón

Ciclón

Tracy, al norte de Australia, 1974

Los ciclones, también llamados *depresiones atmosféricas* o *baja presión*, son áreas en donde el aire se arremolina y se mueve gradualmente hacia adentro en forma de espiral. La dirección a la que giran depende de si se localizan al norte o sur del Ecuador. En 1974, el ciclón Tracy arrasó la ciudad de Darwin, al norte de Australia.

Los huracanes (véase la página anterior) son formas de ciclones tropicales. En algunas regiones, como el Océano Índico y Australia, a estas tormentas, que contienen en su centro una intensa depresión atmosférica, se les conoce simplemente como *ciclones*. Al sur del Ecuador, sus vientos giran en el sentido de las manecillas del reloj, debido al movimiento de rotación de la Tierra y al **efecto Coriolis**.

El 24 de diciembre de 1974, los habitantes de Darwin, la capital del Distrito Norte de Australia, se preparaban para celebrar Navidad. Pero entonces llegó el ciclón Tracy. Era pequeño, con menos de 160 kilómetros (100 millas) de diáme-tro. Sin embargo, sus vientos de 240 kilómetros por hora (150 millas por hora) derribaron dos terceras partes de los edificios de Darwin. En tan sólo unas cuantas horas setenta y un personas habían muerto y cuarenta mil —tres cuartas partes de la población— se habían quedado sin hogar.

Lejos de los trópicos se encuentran los **ciclones extratropicales** (véanse páginas 14 y 18). Éstos pueden tener un diámetro de miles de kilómetros (millas), pueden moverse hasta 1 600 kilómetros (1 000 millas) cada día, pueden durar hasta una semana o más y provocar un clima inestable, vientos, nubes y lluvia.

La ciencia del efecto Coriolis

El efecto Coriolis se debe a la forma y al movimiento de rotación de la Tierra. Esto provoca que los objetos en movimiento que se encuentran al norte del Ecuador se orienten o desvíen hacia la derecha y que lo hagan hacia la izquierda si se encuentran al sur del Ecuador.

En el Hemisferio Norte, los vientos giran en sentido contrario a las manecillas del reloj

Ecuador

En el Hemisferio Sur, los vientos giran en sentido de las manecillas del reloj

Las formas nebulosas muestran los patrones de los vientos giratorios del ciclón conforme Tracy avanza hacia Darwin, Australia. (Representación del artista)

Tornado

A finales de abril de 2011, una serie de feroces tornados arrasaron el sureste y este de Estados Unidos. En el lapso de cuatro días se habían reportado trescientos cuarenta torbellinos, dejando casi el mismo número de personas fallecidas.

El Super-Outbreak de 2011 fue la cuarta sucesión de tornados más mortal en la historia de Estados Unidos. Alabama fue la ciudad más dañada, con más de doscientas treinta víctimas que fallecieron. Los torbellinos se originaron por lo menos en doce estados, desde el norte de Texas hacia el este, hasta llegar a Nueva York. Los daños se estimaron en 10 mil millones de dólares, a precios de 2011. (Los daños provocados por Katrina, ajustados a los precios de 2011, se estimaron en más de diez veces esa cifra).

El Super-Outbreak comenzó el 25 de abril. Un ciclón o **depresión atmosférica** (véase página 12) se desarrolló sobre Oklahoma y Missouri. Las inusuales temperaturas de hasta más de 32 grados Celsius (90 grados Fahrenheit) acrecentaron los vientos y la lluvia, provocando muchas tormentas. Otras fuertes tormentas más se unieron mientras todo el sistema avanzaba hacia el norte y este. Al siguiente día habían empeorado las tormentas y había más tornados en Louisiana y Arkansas, así como otros que iban hasta el norte de los Grandes Lagos. El 27 de abril fue el día en el que se registró el mayor número de muertes provocadas por tornados en Estados Unidos. Justo después de las 17:00 horas, un torbellino especialmente gigantesco azotó Tuscaloosa, Alabama, y si dirigió hacia Birmingham. Tenía alrededor de 2.4 kilómetros (1.5 millas) de diámetro, con vientos de 305 kilómetros por hora (190 millas por hora), arrasó con una superficie de 130 kilómetros (80 millas), cobrando cuarenta y tres víctimas.

La ciencia de los tornados

Los tornados generalmente se forman bajo enormes tormentas conocidas como *supercélulas* (véase página 5). Estas supercélulas contienen vientos de aire frío. Una intensa precipitación arroja hacia la superficie los torbellinos y gotas de lluvia dentro de una neblina en forma de embudo. El aire caliente que se encuentra cerca de la superficie se combina con la energía del calor e intensifica los vientos, los que pueden alcanzar los 480 kilómetros por hora (300 millas por hora). Por lo general, después de una hora, este proceso disminuye, el tornado se hace más angosto, hasta que forma una cuerda y se extingue.

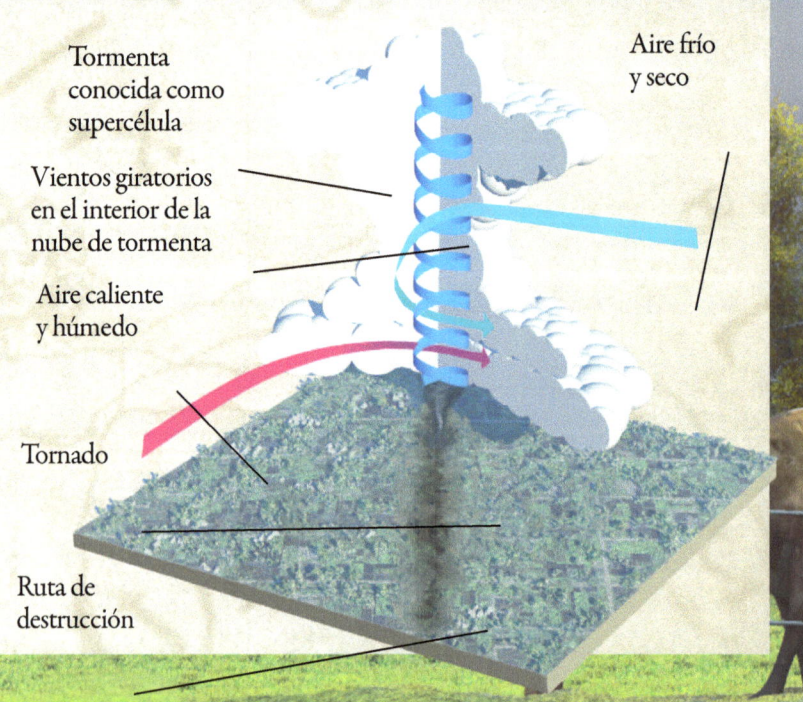

Tormenta conocida como supercélula

Aire frío y seco

Vientos giratorios en el interior de la nube de tormenta

Aire caliente y húmedo

Tornado

Ruta de destrucción

El 27 de abril más de cincuenta tornados arrasaron Alabama, destruyendo casi todo a su paso. (Representación del artista)

Tromba marina

Durante una tromba marina, una oscura nube parece absorber la superficie de un lago o mar. Sin embargo, esta columna giratoria angosta y en forma de embudo rara vez levanta tal cantidad de agua. El embudo se forma cuando el vapor de agua contenido en el aire giratorio asciende hasta donde el aire está más frío y, al enfriarse, se condensa formando gotas.

Existen dos principales tipos de trombas marinas. El tipo **tornádico** se forma de manera similar a un tornado en tierra, tal y como se explica en la página anterior. Remolinos y llovizna surgen de los vientos giratorios hasta formar una **supercélula.** Con la energía del calor y la humedad en la superficie del agua, el embudo continúa girando hasta por 30 segundos, moviéndose lentamente a la par de la nube origen. El otro tipo, la **tromba buen tiempo**, se muestra a continuación.

Las trombas marinas casi nunca levantan agua, por lo que no absorben barcos o bañistas. Sin embargo, sus veloces vientos de quizás unos 100 kilómetros por hora (60 millas por hora), podrían volcar o sacudir cualquier cosa en la superficie, de tal modo que podrían volcar barcos o atrapar bañistas en corrientes letales. La mayoría de las trombas marinas surgen a finales del verano, cuando la superficie del agua está muy caliente. Durante 2003, en el lapso de una semana fueron avistadas más de sesenta trombas marinas sobre los Grandes Lagos de Norteamérica. Europa reporta por lo menos ciento cincuenta de ellas cada año. Alrededor de las costas de Australia se han avistado más de quinientos. En junio de 2011 se reportaron trombas marinas de 600 metros (2 000 pies) de altura al norte de Sydney, Australia.

La ciencia de las trombas marinas

Las trombas marinas de buen tiempo son generalmente más débiles y de menor duración que las tipo tornado. Éstas se forman por debajo de nubes en cúmulos planas, esponjosas o grumosas. Una columna de aire caliente, saturada de vapor de agua, se eleva desde la superficie y se concentra en una neblina giratoria mediante ráfagas locales de viento que soplan alrededor.

5. La columna asciende hasta la nube de arriba

Mancha oscura

1. Conforme el aire caliente y húmedo asciende, los vientos entrantes se intensifican

2. Los vientos giran con mayor velocidad, creando un círculo de vapor

3. Los vientos giratorios ascienden debido a su calor

4. Se forma una columna giratoria de llovizna

Una enorme tromba marina de más de 600 metros (2 000 pies) de altura amenaza la costa de Australia, cerca de Sydney. (Representación del artista)

Supertormenta

El 12 y 13 de marzo de 1993 se registró uno de los sistemas de tormenta más extensos y severos en la historia de Norteamérica. Casi toda la Costa Este padeció temperaturas congelantes, feroces vientos y nevadas que algunas veces se convertían en tormentas de nieve. Los servicios de energía eléctrica, las vías de comunicación y las carreteras sufrieron terribles destrozos.

La Tormenta del Siglo fue un **ciclón extratropical** descomunal (véase página 12). Su eje de baja presión comenzó en el Golfo de México en forma de un **anticiclón** de alta presión que se instaló sobre el Medio Oeste y las Grandes Llanuras con aire glacial atraído del Ártico. Entonces dos series de vientos provenientes de la **corriente en chorro** se unieron aumentando así la baja presión del ciclón. Muchas tormentas independientes se convirtieron en una sola tormenta gigantesca que se dirigió hacia el norte partiendo de la Florida, pasando por la Costa Este y llegando hasta Canadá.

En el punto álgido de la supertormenta, más de la mitad de los estados de Norteamérica sufrían un clima severo. Incluso Alabama, donde el clima es normalmente templado, recibió 30 centímetros (12 pulgadas) de nieve. Los vientos del tipo derecho en Florida excedían los 160 kilómetros por hora (100 millas por hora). Más de diez tornados surgieron repentinamente. Al norte, hacia Nueva York y más allá, las tormentas de nieve arrojaron hasta 10 metros (33 pies) de profundidad. Los tejados de las casas colapsaron por el peso de la nieve, las redes telefónicas se atrofiaron, casi todo el transporte se inhabilitó y diez millones de personas se quedaron sin electricidad. El último reporte era de aproximadamente trescientos diez decesos en una extensión de casi 3219 kilómetros (2000 millas) desde Cuba hasta el norte, hacia Newfoundland, Canadá.

La ciencia de los derechos

Los derechos (véase también la página 5) son vientos intensos y borrascosos que viajan por delante de una tormenta. Al elevarse el aire caliente por encima del aire frío, la región media forma "túneles" de viento giratorios, como si se estuviera modelando barro entre dos manos. Éstos forman una racha de aire que puede tener una extensión de cientos de kilómetros (millas), con ráfagas de hasta 320 kilómetros por hora (200 millas por hora) de fuerza.

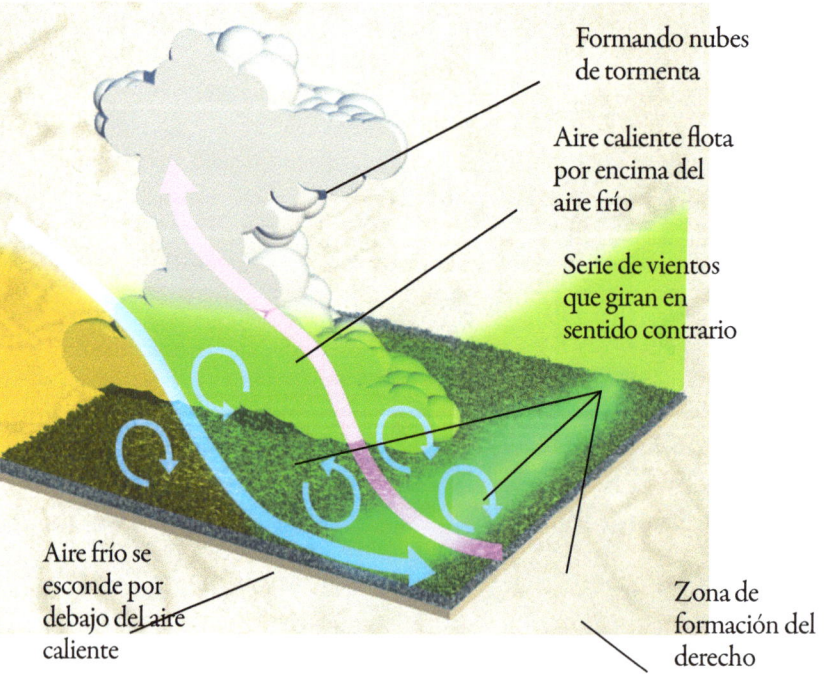

Formando nubes de tormenta

Aire caliente flota por encima del aire frío

Serie de vientos que giran en sentido contrario

Aire frío se esconde por debajo del aire caliente

Zona de formación del derecho

Un barco se adentra en un elevado oleaje durante la Tormenta del Siglo y valientes tripulaciones de helicóptero acuden al rescate. (Representación del artista)

Tormenta de nieve

La mayoría de las regiones del norte se encuentran preparadas para recibir fuertes nevadas e incluso tormentas de nieve. La vida cotidiana puede verse interrumpida, pero no por mucho tiempo; sin embargo, cuando las tormentas de nieve golpean regiones que rara vez tienen nieve, los resultados pueden ser catastróficos.

Las tormentas de nieve combinan una pesada nevada con fuertes vientos que provocan un lento desplazamiento y una sensación de congelamiento letal para cualquiera que sea sorprendido al aire libre. La Gran Tormenta de Nieve de 1888 en Estados Unidos afectó a muchos estados del norte. Más de cuatrocientas personas murieron, incluyendo a docenas de marineros que viajaban en barcos que fueron hundidos por los vientos. Sin embargo, al suroeste de Asia, durante la Tormenta de Nieve de 1972 en Irán, un número diez veces mayor de personas fallecieron. Ésta fue la peor tormenta de nieve registrada en la historia, por el número de víctimas que cobró.

A principios de febrero de ese año, nieve y ráfagas de viento devastaron la parte central de Irán. La ciudad especialmente azotada fue Ardakan, las poblaciones alrededor y las regiones al noroeste y al sur. Las probabilidades de que se presente un clima tan severo en esta región son de una vez cada veinte mil años. La nevada promedio medía más de tres metros (10 pies), pero algunas colinas al sur presentaban el doble. Los vientos arrolladores arrastraban nieve que cubría todas las casas e incluso poblaciones enteras. Los habitantes de esta región relativamente pobre, con un clima seco y con condiciones de labranza a menudo muy difíciles, estaban acostumbrados a la adversidad; sin embargo, no pudieron soportar el verse atrapados en sus propias casas durante días, muchos de ellos sin fuentes de calor ni alimentos suficientes. Más de cuatro mil personas murieron.

A lo largo del centro de Irán, todos los caminos y rieles fueron cerrados durante más de una semana a causa de la tormenta de nieve de 1972. (Representación del artista)

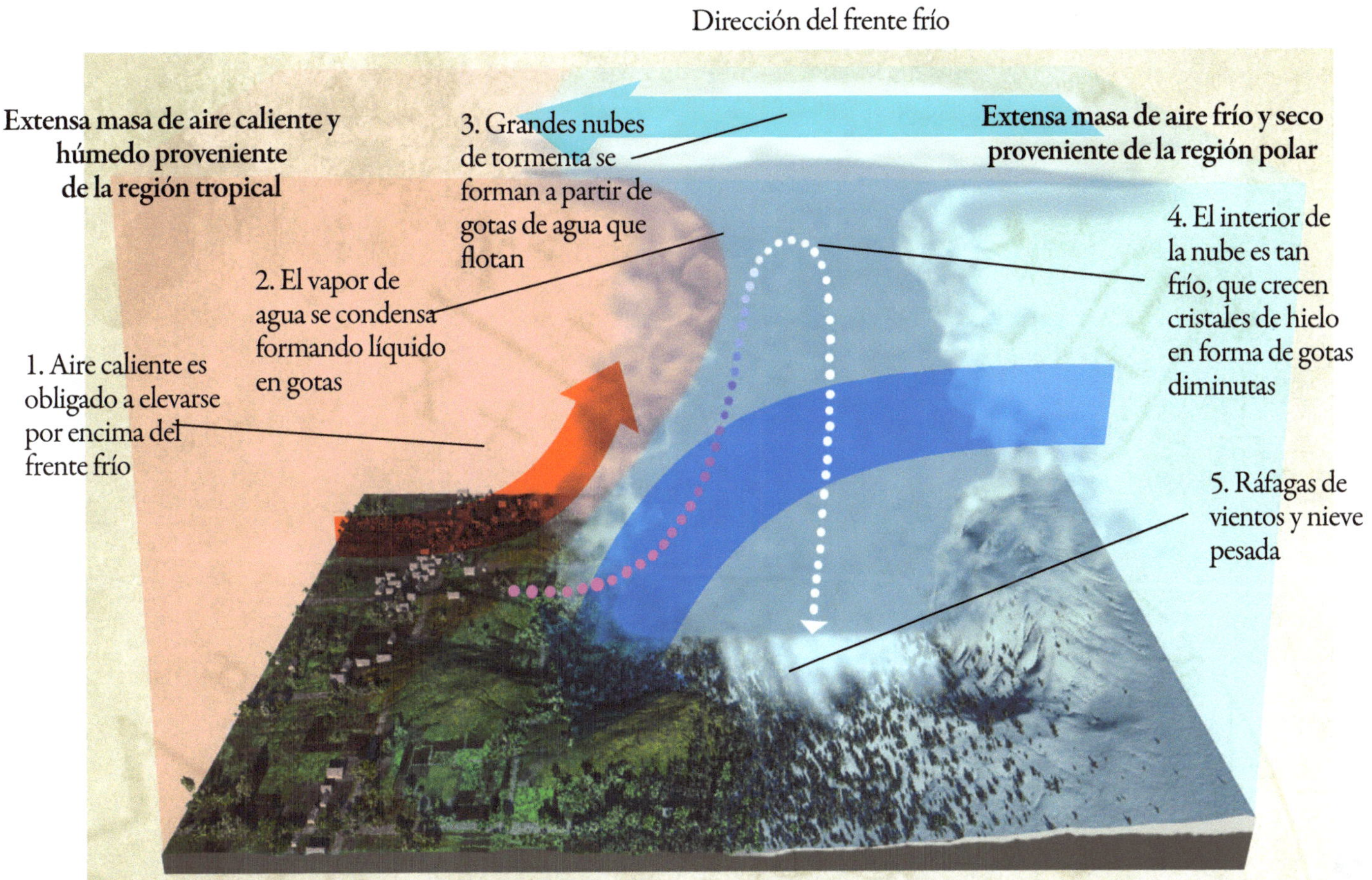

Extensa masa de aire caliente y húmedo proveniente de la región tropical

Extensa masa de aire frío y seco proveniente de la región polar

3. Grandes nubes de tormenta se forman a partir de gotas de agua que flotan

2. El vapor de agua se condensa formando líquido en gotas

1. Aire caliente es obligado a elevarse por encima del frente frío

4. El interior de la nube es tan frío, que crecen cristales de hielo en forma de gotas diminutas

5. Ráfagas de vientos y nieve pesada

La ciencia de las tormentas de nieve

Las tormentas de nieve son parecidas a las tormentas congelantes (véase página 5). El agua se precipita, no en forma de líquido, sino en forma de cristales de hielo hexagonales conocidos como copos de nieve, esto debido al intenso frío en el interior de las nubes —menos 34 grados Celsius (por debajo de los 30 grados Fahrenheit). ¿Cuándo se convierte una nevada en una tormenta de nieve? Primero, cuando los vientos soplan a una velocidad mayor a los 56 kilómetros por hora (35 millas por hora). Segundo, cuando puedes ver a menos de una distancia de aproximadamente 400 metros (440 yardas) debido a la nieve que cae o que es arrastrada por el viento. Tercero, cuando el evento dura un tiempo considerable, al menos tres horas o, incluso, días.

Casas, granjas, cosechas arrasadas y ganado ahogado en las letales crecidas del monzón en Pakistán. (Representación del artista)

Crecida por monzón

Las lluvias monzónicas no son sólo extraordinarios eventos climáticos, sino una forma de vida, y de muerte. En 2010, Pakistán sufrió el peor monzón del que se tenga memoria. Una quinta parte del país quedó inundada y murieron casi dos mil personas.

Los monzones son fuertes lluvias estacionales que se precipitan en muchas regiones tropicales y subtropicales, en especial a lo largo del sur y sureste de Asia. Por lo general hacen su arribo durante el verano trayendo consigo numerosas lluvias. A finales de julio del 2010, fuertes lluvias monzónicas comenzaron a afectar la mayor parte de Pakistán, en especial las colinas ubicadas al oeste y noroeste del país. Más de casi 27 centímetros (11 pulgadas) se precipitaron alrededor de la ciudad de Peshawar hasta la región noroeste en tan sólo veinticuatro horas. Islamabad, la capital, fue una de las muchas regiones donde se registraron más de 40 centímetros (16 pulgadas) de lluvia durante cuatro días a finales de julio.

Mientras las principales nubes monzónicas se movían al sur, hacia el Océano Índico, los ríos más pequeños desembocaron sus torrenciales aguas en el Río Indo, que corre del noreste al suroeste a través de la parte central de Pakistán. Río abajo, los desbordamientos pronto se extendieron hasta cubrir más de una quinta parte de todo el país. Dos millones de hogares quedaron inundados, un cuarto de millón de ganado murió y extensas áreas de cultivo quedaron inservibles. Casi cinco millones de personas, principalmente en los pequeños poblados, padecieron hambre. Para mediados de septiembre los desbordamientos habían casi desaparecido; pero sus efectos son tan grandes, que la recuperación tomará por lo menos diez años.

La ciencia de los monzones

Los monzones son como enormes versiones de las brisas marinas que son muy comunes alrededor de las costas. La tierra se calienta rápidamente bajo el sol de verano. El aire que se encuentra por encima asciende, atrayendo aire cargado de humedad proveniente del mar. Éste asciende también y su vapor de agua se condensa para precipitarse en forma de una fuerte lluvia. Durante el invierno, la tierra se enfría rápidamente mientras que el mar conserva algo de calor, de tal forma que los vientos retroceden.

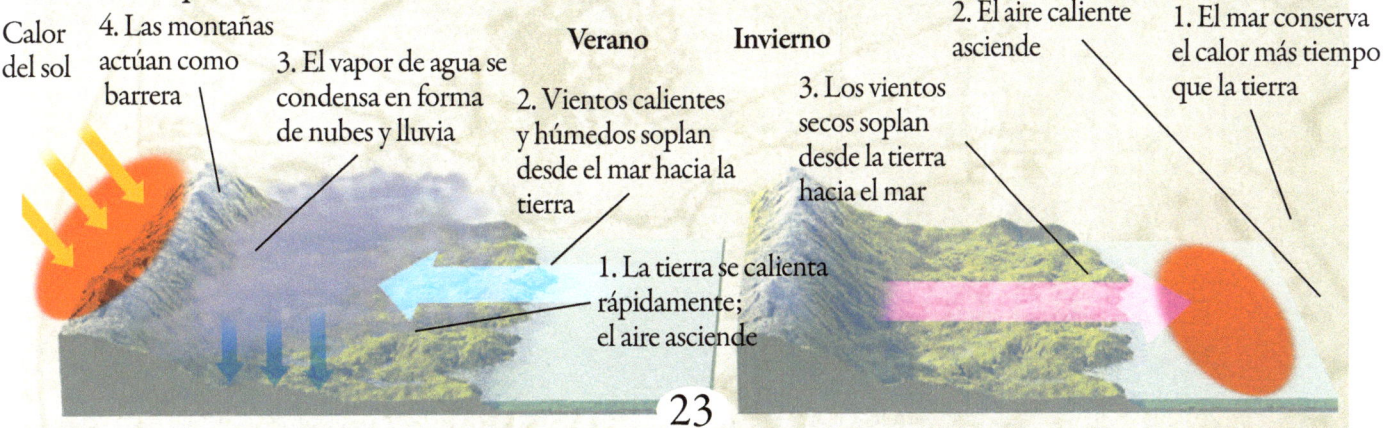

Calor del sol

4. Las montañas actúan como barrera

3. El vapor de agua se condensa en forma de nubes y lluvia

Verano

2. Vientos calientes y húmedos soplan desde el mar hacia la tierra

1. La tierra se calienta rápidamente; el aire asciende

Invierno

2. El aire caliente asciende

1. El mar conserva el calor más tiempo que la tierra

3. Los vientos secos soplan desde la tierra hacia el mar

La ciencia de las tormentas de polvo y de las tormentas de arena

Conforme una masa de aire frío y seco se mueve por encima de la tierra caliente, su parte frontal se calienta y asciende hasta provocar fuertes vientos que soplan a lo largo y hacia arriba. Pequeñas partículas sueltas de lodo, arena y polvo se friccionan y rebotan, desprendiéndose diminutas partes de cada una. Éstas se vuelven más pequeñas, más ligeras y con mayor probabilidad de ser transportadas por el aire. Mientras esto sucede, la frotación o fricción genera electricidad estática. Las partículas con carga negativa se apartan o alejan de la tierra. Esto aumenta el número de partículas que son elevadas y transportadas por los remolinos de aire.

Los gránulos que se desploman colisionan y se rompen en fragmentos más pequeños y tan ligeros que pueden dispersarse en el aire

1. La tierra está muy seca y suelta

2. Fuertes vientos provenientes de tormentas locales o frentes fríos

3. Las partículas de arena permanecen abajo

4. Las partículas de polvo son levantadas a una gran altura

Bagdad se convierte en una polvosa cuidad fantasma durante la tormenta de arena que duró una semana. (Representación del artista)

Tormenta de arena

Los vientos que arremolinan polvo y arena son un riesgo común en las regiones secas. Sin embargo, cuando esos vientos duran una semana, como en Irak en 2009, provocan diversos problemas que van desde dificultades para respirar hasta el cierre de los medios de transporte.

Las pequeñas tormentas de arena de poca duración ocurren a menudo alrededor de las grandes tormentas, incluso de aquellas sin la presencia de agua. Sin embargo, la Gran Tormenta de Polvo de julio 2009 en Irak fue provocada principalmente por una serie de frentes fríos. La tormenta fue tan grave debido a que la tierra estaba sumamente árida por tres principales razones. Una: los principales ríos de la región, el Éufrates y el Tigris, se vieron muy reducidos debido a las represas y al agua que se ocupaba para las cosechas río arriba. Sus aguas no pudieron ser absorbidas ni esparcidas al interior de la tierra.

Dos: había habido varios años de sequía. Tres: los deficientes métodos de cultivo arrasaron con las raíces y los nutrientes de las plantas estabilizadoras.

El polvo y la arena cubrieron todo el exterior. Los fuertes vientos introducían las partículas por puertas y ventanas cubriendo también todo por dentro. La visibilidad era tan mala, que en Bagdad, la capital de Irak, muchos aviones, trenes y autobuses fueron cancelados. Por la falta de aire limpio, día a día las personas acudían a los hospitales con serios problemas respiratorios.

Ola de calor

A mediados de julio de 2003, Europa Occidental disfrutaba del calor y del sol de verano. Un mes después, se encontraba en las sofocantes garras de una severa ola de calor con desabasto de agua, cortes eléctricos, malas cosechas y más de cuarenta mil decesos.

El buen clima de verano varía en el lapso de unos días hasta una o dos semanas. Una ola de calor dura un tiempo considerablemente mayor; en general, tres semanas o más. No existe una temperatura determinada que marque tal evento, sólo que podría ser de varios grados por encima de lo normal para la región y durante un periodo inusualmente largo. Durante el mes de junio de 2003 se presentaron señales del inicio de una ola de calor en Europa Occidental. Se creó una región de alta presión con cielos silentes y transparentes. Ésta se hizo tan extensa que, aunada a la posición atípica de la corriente en chorro, bloqueó otros sistemas atmosféricos más pequeños y disipadores de calor que trataban de interrumpirla.

Francia fue la ciudad más azotada, con casi quince mil víctimas a causa del calor excesivo, siendo éstas principalmente personas mayores que ya se encontraban débiles y quizá sufriendo de problemas respiratorios a causa del aire rancio y contaminado. Puesto que los sistemas de aire acondicionado, refrigeradores y enfriadores trabajaban más tiempo, el suministro de energía se forzaba hasta su límite. Las sedientas cosechas se secaban bajo el ardiente sol. Las uvas para el vino y el trigo para el pan y la pasta tenían pobres cosechas. La naturaleza sufrió también cuando se iniciaban incendios y los peces y otras criaturas acuáticas perecían en los secos lagos y ríos.

Un granjero español observa a un becerro morir por el agotamiento durante la ola de calor en Europa. (Representación del artista)

La ciencia de las olas de calor

Generalmente una ola de calor mayor combina una enorme masa de aire caliente con una posición atípica de la corriente en chorro. Éstas se unen para anular otros sistemas climáticos. La falta de colinas y de otras características geográficas denota que el calentamiento es relativamente uniforme, lo cual reduce cualquier probabilidad de que se formen vientos. Conforme la tierra y el aire se calientan de manera uniforme, los cielos se mantienen transparentes. De manera gradual, el polvo y los gases se acumulan en la atmósfera caliente, rancia y estática.

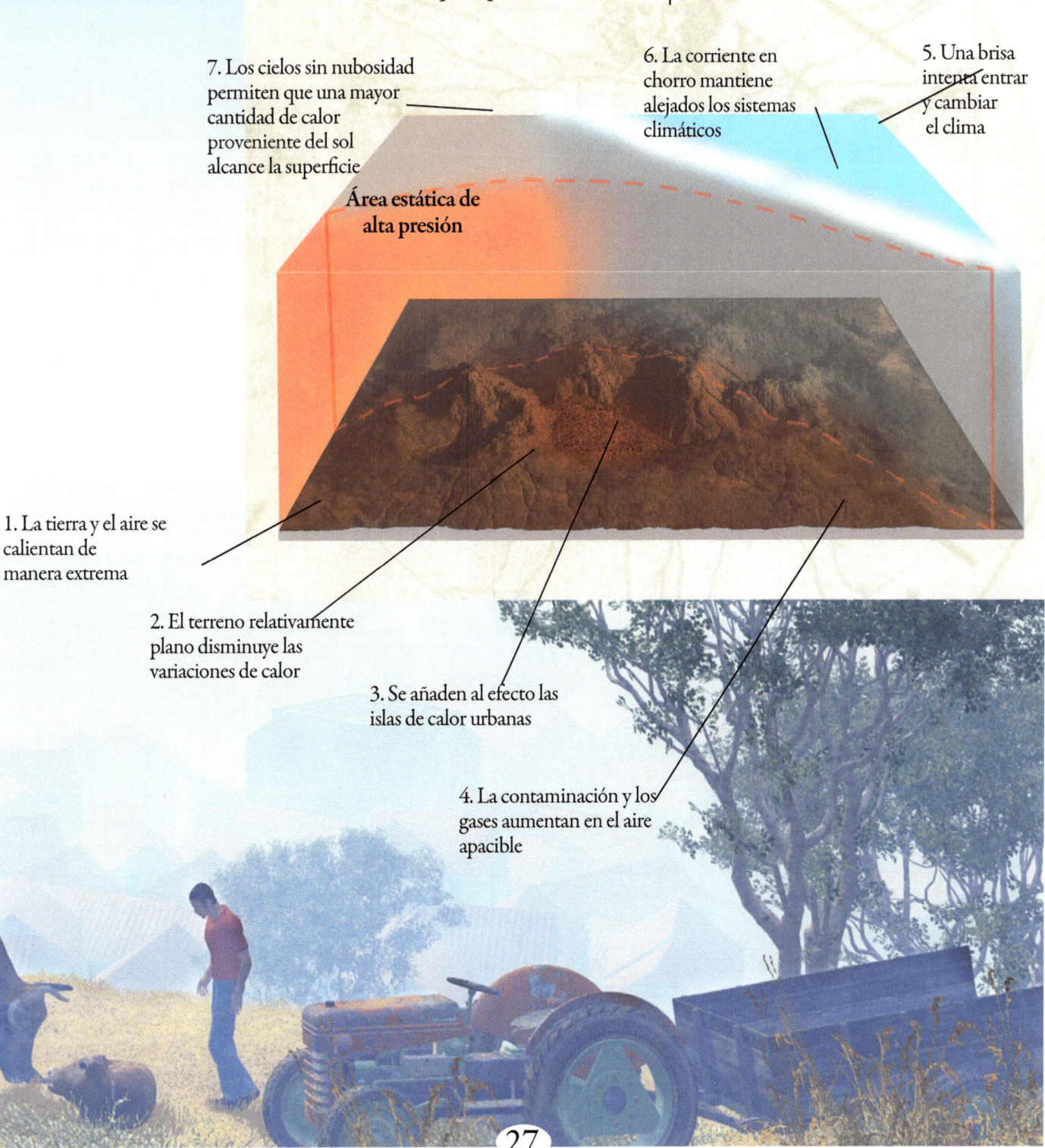

7. Los cielos sin nubosidad permiten que una mayor cantidad de calor proveniente del sol alcance la superficie

6. La corriente en chorro mantiene alejados los sistemas climáticos

5. Una brisa intenta entrar y cambiar el clima

Área estática de alta presión

1. La tierra y el aire se calientan de manera extrema

2. El terreno relativamente plano disminuye las variaciones de calor

3. Se añaden al efecto las islas de calor urbanas

4. La contaminación y los gases aumentan en el aire apacible

La ciencia del relámpago

El aire caliente que se eleva en varias partes de una tormenta lleva las gotas de agua a puntos tan elevados, que éstas se congelan hasta formar partículas de hielo. Estas partículas se precipitan, forman corrientes de aire descendentes y se friccionan contra las gotas ascendentes. La frotación o fricción provoca electricidad estática, positiva para el hielo que se encuentra cerca de la punta de la nube y negativa para las gotas de agua que se encuentran por debajo. La electricidad se acumula hasta que estalla como una chispa masiva o rayo de miles de metros (yardas) de largo. Podemos observar los rayos dentro de una nube a manera de centellas. Entre la nube y la tierra podemos observar las ramificaciones del relámpago.

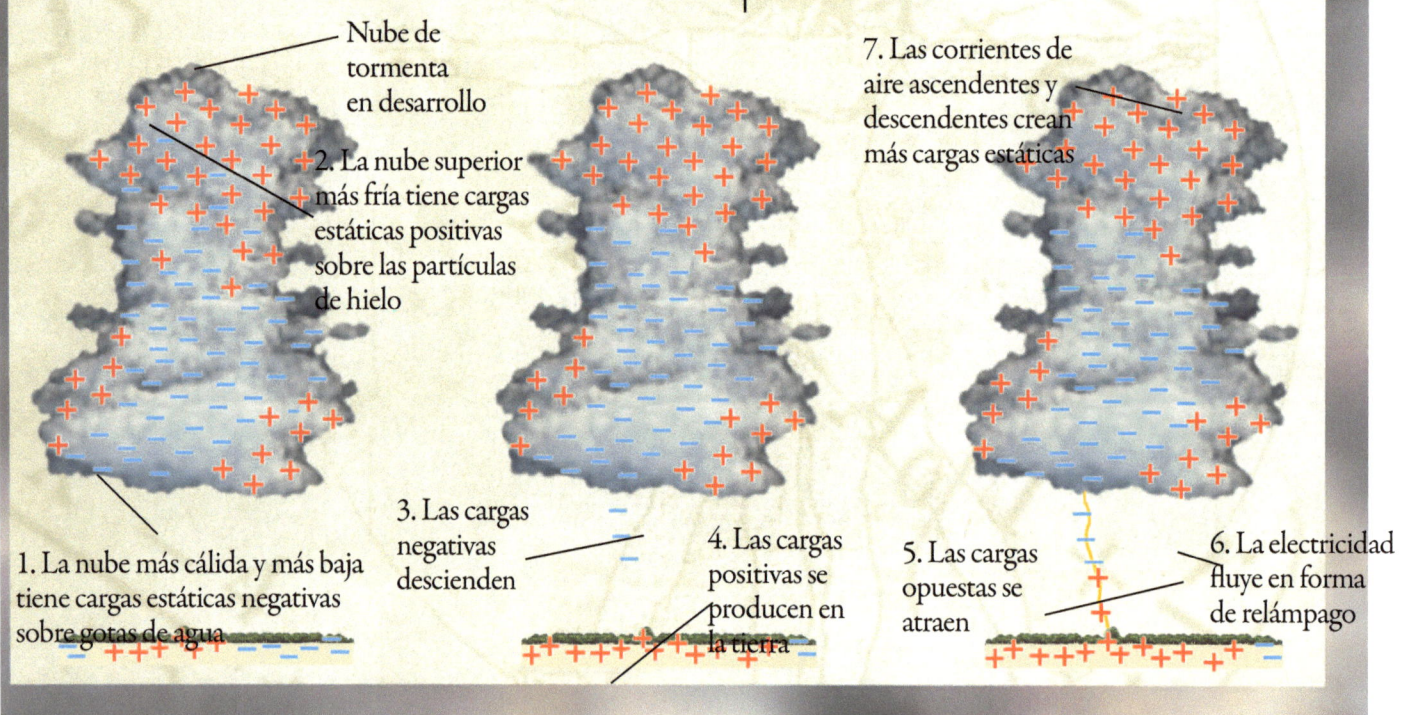

Nube de tormenta en desarrollo

2. La nube superior más fría tiene cargas estáticas positivas sobre las partículas de hielo

1. La nube más cálida y más baja tiene cargas estáticas negativas sobre gotas de agua

3. Las cargas negativas descienden

4. Las cargas positivas se producen en la tierra

7. Las corrientes de aire ascendentes y descendentes crean más cargas estáticas

5. Las cargas opuestas se atraen

6. La electricidad fluye en forma de relámpago

Los fuertes vientos soplan las llamas hacia un rancho durante el estallido del Sábado Negro. (Representación del artista)

Relámpagos e incendio forestal

Sábado Negro, Victoria, Australia, 2009

El 7 de febrero de 2009 fue un día negro en la historia australiana. Después de una temporada larga, caliente y seca, cientos de incendios de monte se esparcieron en el estado suroriental de Victoria. El número de víctimas ascendió a ciento setenta y tres, con más de cinco mil heridos.

El relámpago es la principal "chispa" natural que inicia los incendios forestales. Por lo general, la tierra se encuentra seca después de un clima caliente, de tal forma que las llamas surgen fácilmente. Las causas menos comunes son la lava incandescente y la ceniza caliente provenientes de una erupción volcánica, así como los desprendimientos de rocas que generan chispas, como cuando se friccionan las piedras de un mechero. Los cristales de roca, transparentes por naturaleza, pueden incluso dirigir los rayos del sol a manera de la lente de una lupa hacia una zona combustible.

Sin embargo, los detonadores humanos de los incendios forestales son muy comunes. Los cables de electricidad caen o generan chispas. Las fogatas, las parrilladas o los cigarrillos desatendidos. Las herramientas eléctricas despiden chispas. Los vientos despliegan los fuegos controlados, por ejemplo, para despejar el bosque para los cultivos o los animales de pastoreo. Pero también están los incendios iniciados deliberadamente a manera de actos criminales.

El Sábado Negro de Australia fue denominado así por el número de fallecidos y lesionados, así como por los paisajes ennegrecidos por las despiadadas llamas. Una ola de calor con una duración de dos meses y de hasta 49 grados Celsius (120 grados Fahrenheit), había dejado el terreno seco como una yesca. Los vientos variables de 120 kilómetros por hora (75 millas por hora) hacían que las llamas se precipitaran por los arbustos con mayor velocidad. Más de dos mil casas quedaron totalmente destruidas y casi ocho mil personas se quedaron sin hogar. La terrible tragedia se vio agravada porque el trabajo de la policía mostró que algunos incendios fueron provocados a propósito. El primer ministro de Australia lo llamó *homicidio masivo*.

29

Mapamundi de desastres

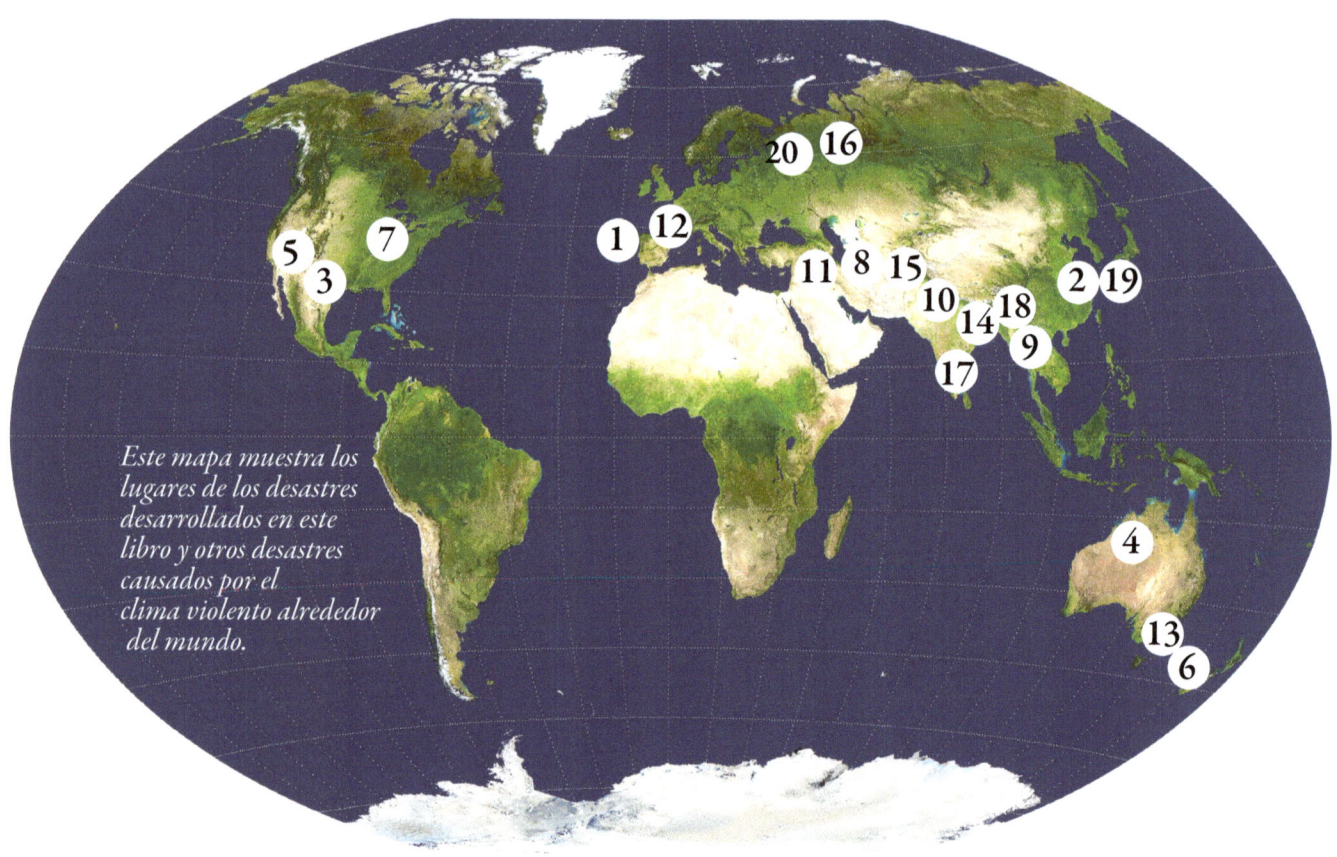

Este mapa muestra los lugares de los desastres desarrollados en este libro y otros desastres causados por el clima violento alrededor del mundo.

1. Microrráfaga, vuelo 495 de Martinair, en Faro, Portugal, 1992

2. Granizadas en Guizhou, al sur de China, 2011

3. Huracán Katrina en Estados Unidos, 2005

4. Ciclón Tracy al norte de Australia, 1974

5. Super-Outbreak, sucesión de tornados al sur y este de Estados Unidos, 2011

6. Tromba marina en Sidney, 2011

7. Tormenta del Siglo al este de Norteamérica, 1993

8. Tormenta de nieve al noroeste y centro de Irán, 1972

9. Ciclón Nargis en Myanmar (Burma), 2008

10. Crecidas por monzón en Pakistán, 2010

11. Tormenta de arena en el noroeste Irak, 2009

12. Ola de calor en Europa Occidental, 2003

13. Incendios forestales en Victoria, Australia, 2009

14. Ciclón en Bangladesh, 1991

15. Tormenta de nieve en Afganistán, 2008

16. Ola de calor en Rusia, 2010

17. Ola de calor al sur de la India, 2003

18. Tornado en la provincia de Daulaptur-Salturia, en Manikganj, Bangladesh, 1989

19. Incendio el Dragón Negro en China, 1987

20. Tornado en la provincia de Ivanovo-Yaroslavl, Rusia, 1984

Glosario

anticiclón. Un sistema de vientos giratorios que se mueven en espiral alrededor de un área de alta presión. Los anticiclones giran hacia el lado contrario de los ciclones: en el sentido de las manecillas de un reloj al norte del Ecuador, en el sentido contrario de las manecillas del reloj al sur.

baja presión. Área de baja presión atmosférica, llamada también *depresión atmosférica*.

ciclón extratropical. Un sistema giratorio o rotativo de vientos, nubes y lluvia moviéndose en espiral hacia un área de baja presión y que ocurre lejos de las regiones tropicales.

ciclón tropical. Sistema de vientos giratorios que se introducen en un área de baja presión y que ocurre en regiones tropicales. Algunos ejemplos de poderosos ciclones tropicales cargados de fuertes lluvias y vientos son los huracanes, tifones y las tormentas conocidas simplemente como *ciclones*.

condensar. Cuando un gas o vapor se convierte en líquido y produce energía en forma de calor, calentando así el ambiente.

corriente en chorro. Ráfagas de viento impetuoso a gran altura que sopla en patrones irregulares, generalmente donde el aire deja de enfriarse por la altura, a una distancia de 7 a 16 kilómetros (4 a 10 millas).

cumulonimbus. Nube grande o voluminosa con un extremo superior blanco o pálido, a menudo plano en forma de yunque, y con una base oscura que libera lluvia, granizo o nieve. Ésta es la típica nube de tormenta.

depresión atmosférica. Área de aire bajo o baja presión atmosférica, conocida también como *baja presión*.

derecho. Vientos fuertes y enérgicos que se mueven por delante o hacia las partes laterales de las tormentas, los temporales o chubascos.

efecto Coriolis. La desviación angular o sesgada en los objetos debido a la diaria rotación de la Tierra.

evaporar. Cuando un líquido se convierte en gas o vapor, el cual también absorbe la energía en forma de calor, refrescando el ambiente.

supercélula. Tormenta extensa, generalmente, que posee en su interior vientos giratorios o revolventes que se conocen como *mesociclón*. Los vientos generalmente soplan hacia arriba, pero pueden revertirse y descender bajo ciertas circunstancias.

tromba marina de buen tiempo. Tromba marina que se forma cerca de la superficie del agua, generalmente por debajo de las nubes en cúmulos, y que se extiende hacia arriba para alcanzar las nubes.

tromba marina tornádica. Tormenta que se forma de manera similar a un tornado sobre la tierra, a través de un remolino de agua que desciende de una nube (generalmente de una nube de tormenta).

Clima violento, de Steve Parker y David West,
fue impreso y terminado en abril de 2013
en Encuadernaciones Maguntis, Iztapalapa,
México, D. F. Teléfono: 5640 9062.